시향 4계절

시향 4계절

2025년 10월 20일 초판 1쇄 인쇄 발행

지은이   이문형
펴낸이   박종래
펴낸곳   도서출판 명성서림

등록번호   301-2014-013
주소   04625 서울시 중구 필동로 6 (2,3층)
대표전화   02)2277-2800
팩스   02)2277-8945
이메일   msprint8944@naver.com

값 10,000원
ISBN 979-11-7439-049-3

본 책의 구성 및 맞춤법, 띄어쓰기는 작가의 의도에 따랐습니다.
이 책의 저작권은 저자와 도서출판 명성서림에 있습니다. 무단 전재 및 복제를 금합니다.
이 책 내용의 일부 또는 전부를 재사용하려면 반드시 저자와 도서출판 명성서림의 동의를 얻어야 합니다.
파본은 구입처에서 바꾸어 드립니다.

시향 4계절

몽제 이문형 제2시집

제13회 구상문학 창작지원 선정작

도서출판 명성서림

| 시인의 말 |

반갑습니다.
풍요와 낭만의 계절입니다.
오곡백과가 풍년을 이루기를 고대하며 인사드립니다.

저는 소싯적 농경문화 시절부터 많은 곤란과 어려운 세상 고통의 세월을 살아오며 많은 동경심과 희망 그리고 그리움의 삶 속에 위로 심리였을까
많은 감상과 감성을 두서없는 글로 극적이며 살아온 삶 그리고 성현님들의 고귀하신 문학서들은 저의 어린 시절 많은 꿈의 감성을 주며 난필을 극적이게 하였습니다. 또한 심한 가난 속의 세월 잘살아봐야 되겠다는 당시 일상의 꿈 또한 큰 것이었습니다.
하여 평생 일을 하며 두서없는 순수 아마추어 시상으로 심취하여 살아오던 중 발전하는 조국의 매스미디어 발전으로 20여 년 전부터 습작을 인터넷(서정시인 이문형 블로그 https://blog.naver.com/mh6339)에 올리기 시작, 많은 동지와 선후배님들과 소통을 교류하며 여생을 보내고 있습니다.

평생을 일중독으로 자랑스럽게 열심히 일을 하여 왔으며 전공은 전자공학 연구 개발직으로 전자제품 연구개발 설계직이었습니다.

조국의 급속한 경제 발전으로 산업사회를 거쳐 정보화 시대 지식 산업에 이르며 변화하는 세상에 정체된 듯한 민족적 아름다운 정서와 낭만 그리고 사라져 가는 미풍양속을 이성과 감성이 메말라진 각박한 조국의 현상을 기성세대 일원으로 안타깝고 아쉬운 심정으로 깊이 염려하며 아름답고 살기 좋은 세상 꿈과 희망을 주는 세상 낭만과 서정이 넘치는 세상 건강하고 건전한 세상이 되었으면 정서적으로 살기 좋은 세상을 후손에게 물려 주었으면 하는 바람입니다.
많은 지도와 편달을 바라오며 인사를 가름합니다.

서정시인 몽제(朦製) 이문형 拜上

차례

1부 가을

가을 마중	12
그으 그리움	13
아름다운 호숫가의 아침	14
반 딧 불 이	15
쾌창하신 달님	16
아름다운 원미산	17
미련	18
가을인가 봐	19
단풍	20
허허 상팔자	21
속절없는 세월	22
행복한 농심	23
모정	24
갯바위 그 그리움	25
맨드라미 만발할 때	26
입추(入秋)	27
단풍 유혹	28
님 계신 곳으로	29
아기 구름 꽃구름	30
행복한 세월을	31
깊어 가는 이 가을	32
결실의 계절	33
가을 아	34
가을	36
가을 - 맨드라미	37

2부 겨울

하얀 겨울의 꿈	40
눈부신 설국의 새날을	42
흰 눈 나리면 그리운 내동무	43
아침의 나라 희망의 새 아침을	44
아름다운 설국	46
그리움	47
수정 고드름	48
설국의 노래	49
겨울 동산	50
고드름	51
군고구마	52
그리운 내 동무	53
상수리나무	54
흰 눈이 펄펄	55
생	56
꿈을 희망을 주소서	58
겨울아	59
아름다운 세월이시여	60

차례

3부 봄

몽희(夢希)	64
내 고향 내 집에는	66
봄님 오시는 소리	67
봄이 오시는 소리	68
봄이 오시는 길목에	69
싱그러운 봄날	70
벚꽃의 꿈	71
개나리 꽃 필제	72
아기 병아리	74
봄비 나리는 날	75
새봄의 찬가	76
진달래 동산	78
노랑 병아리	79
순백의 목련화	80
봄비는 나리는데	81
그리워지는 이 마음	82
진달래꽃 닮음 내 님	84
온 세상 빛이 되고 싶어라	85
라일락 꽃향기 날리면	86
라일락 꽃망울의 속삭임	88
고향 집	89
뛰놀던 내 동무들	90
라일락 꽃향기	92
모란꽃 그리움	93
아름다운 연꽃 속 님의 얼굴	94
복사꽃 필 때면	96
산딸기 익어 가는 계절	98
팍, 찔리고 싶어라 찔레꽃	100
남쪽 나라 내 고향	101
부강 민족 언제 되어질꼬	102

동백섬 찔레꽃	103
나 떠나가런다	104
님 오시려나 보다	105
아지랑이 봄바람	106
고향의 꽃동산	107

4부 여름

청풍명월의 아름다운 산하(山河)	110
나리는 빗속에 오신다던 님	111
찬란한 새 아침	112
파도	114
뱃머리에 서면	115
무궁화	116
아름다운 행복한 세상이	118
할머니	119
제주도	120
장엄한 대자연	122
칠흑의 밤	123
파도가 부른다	124
청계천	125
부상(浮上)	126
청산은 푸르며 울고 우네	128
희망의 나라로	130
성당의 종소리	132
갯바위	133
고추잠자리 우리 집에	134
포물선 저 너머엔	136
폭염이 서러워	137
한강변 해당화	138
시냇물	139

1부 가을

가을 마중..!

뙤약볕 산골짜기
산천초목

살랑이며
춤을 출제

고추잠자리 짝을 지어
유희하며 맴돌고

산새들 노랫소리
뻐꾸기 장단 맞춰

해바라기 힘에 겨워
가을을 재촉하니

아 ~ 가을!

아름드리 큰 호박
가을옷 갈아입고

옥수수수염 부리
가을바람 불러이내...!!

그으 그리움..!

가을바람
소리 없이
오간 곳 감추이고

지는 햇빛
감출 수 있어도
그리운 이 마음

감출 수 없어
밝은 달 바라보며
그려보는 그으 그리움...!!

아름다운 호숫가의 아침..!

찬란한
아침 햇살
오색 단풍 물들이며

피어나는 물안개
아침 햇쌀 감싸안고
새벽이슬 적시울제

물빛 가르는 호수
쾌속선의 물보라
피어나는 환상의 무지개

산새 들새 장단에
피어나는 환희의
아름다운 이 가을 호숫가의 아침...!!

반딧불이..!

칠흑의 밤을
기다리는 반딧불이

더욱 큰 빛 놓고 싶어
그리운 님 맞으려

찌르라미 합창에
숨을 죽이고

기다리는 반딧불이
사랑하는 내 님이여

그리운 내 님이시여
그리운 내님은 어디에...!!

쾌창하신 달님..!

달님 쾌창하신 달님
휘영청 밝으신 달님

어두운 밤 해맑게
비추시는 자비하신 님 달님

고은 손 고은 마음
두 손 모아 합장하나이다

풍요의 계절 밝게
밝혀 주시어 감사드립니다

달님 달님
간절히 발원하옵니다

어두운 밤 어두운 곳
곳곳을 밝혀 주소서

광명을 주시는 달님
온 누리에
꿈과 희망을 밝혀 주소서...!!

아름다운 원미산..!

고요하고 아름다운
장관의 원미산

아름다운 오색 옷
화사하게 갈아입고
얼려주듯 날려주는

아름답고 고운 단풍
사박 사박 사르르 밟혀주는
아름다운 오색의 낙엽

이 아름다운 산하의
내 나라 내 고장
이 가을 원미산

고운 님들의
가슴에
곱고 아름답게 영원하소서...!!

미련..!

기러기 줄지어 날으며
겨울을 불러 재촉할제

아쉬움에 멍든 가을
바람 불러 설레이며

물안개 띄어 주춤이며
운무 만나 여유이다

뙤약볕 고개 들면
은연히 사리어 감추이고

저녁노을 깊어질제
찬바람에 밀려가며

새벽녘 찬 이슬에
사려가는 가을 멍애...!!

가을인가 봐..!

하늘 높고
푸르르니
정녕 가을인가 봐

싱그러운 바람 불어
오곡백과 만발하니
가을인가 봐

풍물놀이 정겨우니
가을은 그렇게
익어만 가시는데...!!

단풍..!

가을 노래 부르며
사랑 노래 유희하다

님 보기가 부끄러워
얼굴 붉힌 단풍잎

곱게 내린 찬 서리에
얼굴 붉혀 일렁이다

해님 마중 기다리다
활짝 반겨 춤을 춘다

찬바람에 사레이며
돌아서 흩날리는 단풍

떠나기가 아쉬워
설레이며 일렁이다

고운 님 오시는 길
꽃잎 되어 맞으리

고운 님 가시는 길
꽃길 되어 보내오리...!!

허허 상팔자..!

험상궂은 일기
고추 말림 감독인가
비치파라솔 감독인가
애꿎은 갈바람에 불안한 파라솔

그래도
벌 나비는 날아들고
짝지은 고추잠자리
목 축이러 날아들고

풍요의 아름다운 호박꽃
예쁘고 귀여운 오이꽃
새빨강 늦고추
방울토마토 주렁주렁 내 곁에

적막강산
내 집 옥상
예가 극락일세
행복한 생의 참맛일세...!!

속절없는 세월..!

폭염이 서러워
통곡이 지난

스산하고 쓸쓸함이
감도는 화창한 초가을

풍요와 낭만의 계절이
달래 주련만

속절없는 세월
허전함과 아쉬움만이...!!

행복한 농심..!

홀로 핀 코스모스
갈바람 불러 살랑이고

국화 향 적시우며
가을을 노래하네

스치는 가을바람
산천을 살랑이며

고개 숙인 벼 이삭
흩날리며 춤을 추네

황금물결 일렁이면
아 - 아 - 행복하여라

농 심
농자천하지대본...!!

모정..!

외로이 선 갈대
바람결에 한들리며

뚝방길 모퉁이
바위틈에 외로이

기울리어 서서
가을바람 부르이며

색바랜 갈색으로
뉘를 기다리시나

된서리 맞으이며
기울어 선 모진 풍상

세파에 흔들려도
굳세게 자리하며

말없이 기다리시는
고향 마을 모정...!!

갯바위 그 그리움..!

해맑고 청명한
아름다운 가을날

살랑이며 불어오는
싱그러운 가을바람

스산히 내 가슴에
밀려오는 그 그리움

창파에 돛단배 띄워
포물선 저 너머로

그리움만 남기고
소식 없는 내 님

갯바위 파도에
부서지는 그 그리움...!!

맨드라미 만발할 때..!

빨강 맨드라미
벼슬을 자랑일제

빨강 장미
향기 풀며 일렁이고

아기 구름 꽃구름
다정히 유희하며 흘러가네

오색의 코스모스
갈바람 불러 살랑이며 춤을 춘다

기러기 떼 기럭기럭
줄지어 남촌으로

명년 춘삼월 아기 꽃님 모시려
사랑 노래 유희하며 남촌으로...!!

입추(入秋)..!

드높은 하늘
화창하고 희망찬 세월

황금빛 물결 출렁이는
풍요와 낭만의 이 계절

이 계절에 참으로 멋진
낭만의 시인이 되어

노래하리라
풍요와 아름다운 서정의 노래를

싱그럽고 상쾌한
풍요와 낭만의
아름다운 이 계절을...!!

단풍 유혹..!

새 빨강 아름다운 단풍
뉘 심성에 불꽃 지피려

저리도 고운 빛깔로
아울러 지움이여

희망과 정열의 심성에
가슴에 불을 사르고

낭만과 서정의 심성을
웃고 울리려는 정취

고운 빛 아름다운 절경
대자연의 순리와 섭리

아 - 아 자연의 정경
작은 가슴 일렁이며

순리대로 섭리대로
그 속에서 살고지고

살고지고 아 - 아 -
정녕 가을인가 봐...!!

님 계신 곳으로..!

높고 푸르른 하늘
황금물결 일렁이는 들녘

가을 하늘 여유이며
종달이 날고 울어지며

뒷산 들녘에 누워
하늘을 바라보면

뭉게구름 아기 구름
줄이어 가네

구름아 구름 님아
날 실어다오 내 꿈을 실어다오

아득한 곳 애련한
님 계신 곳으로 내 고향으로...!!

아기 구름 꽃구름..!

높고 푸른 하늘
아기 구름 꽃구름

다정히 사이좋게
유희하며 흘러가네

찬바람 불러이며
걸린 단풍 손짓하며

기러기 떼 기럭기럭
줄지어 날며
어디로 흘러가시나

구름 따라 님 따라
따뜻한 곳으로
남쪽 나라로

명년 춘삼월
봄 동산에 오실
아기 꽃님 모시려...!!

행복한 세월을..!

매미가 화려한 음색으로
웅장하게 울어 옙니다

코스모스화 만발하여
장단 맞춰 일렁이니

고추잠자리 신명나게
짝을 지어 유희하는 가을

무에가 그리 바빠
뙤약볕과 함께 빨리 오셨는고

세월이시여 온 인류여
소중한 자연환경

아름다운 이 세상 우리가
지키고 가꾸어 행복한 세월을...!!

깊어 가는 이 가을..!

가을바람 솔 솔 솔
귀밑머리 스치니
가을이 깊어 가시네

줄지어 날으는
저어 기러기
님 기다리는 이 마음

깊어지는 저녁녘
동구박 재 넘어간
님 그리워

둥근달
쳐다보며
아- 가을인가봐...!!

결실의 계절..!

봄이 오면 뒷동산에
개나리 진달래 만발하고

여름이면
정자 밑 시원한 바람

가을 되면 코스모스
살랑이며 춤을 추고

고운 빛 나비 한 쌍
춤추며 유희할제

짝지은 잠자리
사랑 노래 유희하네

결실의 계절
농자천하지대본...!!

가을 아..!

살랑이며 스치는 갈바람
싱그러운 계절

떠나기 아쉬운 님
뙤약볕 투정으로

황금물결 들녘
허수아비 춤을 추고

산새 들새 숨바꼭질
고우신 님 속상이고

까까머리 어린아이
재채기 콧물 눈물

떠나기 아쉬운 님 투정
잘가셔요 고이 가소서

꽃피는 춘삼월
명년에 봄에 곱게 오셔요

아 - 아 - 정녕
가을님이 가시려나 봐...!!

가을..!

높은 하늘 푸르러
가을인가 봐

싱그러운 바람 불어
가을인가 봐

오곡백과 만발하니
가을인가 봐

풍물놀이 정겨우니
가을인가 봐

고개 숙여 익어 가는
풍요의 계절

가을은 그렇게
익어만 가는데...!!

가을 - 맨드라미..!

빨강 맨드라미
벼슬을 자랑일제

빨강 장미
향기 풀며 일렁이고

색색의 코스모스
살랑이며 춤을 춘다

벌나비 한가로이
춤추며 쉬엄 할 제

고운 빛 나비 한 쌍
사랑 노래 유희하네

짝지은 잠자리
사랑 노래 유희하네!.

결실의 계절
아름다운 결실의 낭만의 계절...!!

2부 겨울

하얀 겨울의 꿈..!

온 누리가
하얗다
온 세상이 하얗다

하얀 마음
설국의 낭만을
꿈을 그려 본다

아름다운 설국
이 계절이 지나고 나면
아름답고 싱그러운

봄날이 오겠지
개나리 진달래
꽃동산에 노래하겠지

설국에선
이 마음
벌써

이 하얀 겨울에
분홍빛
그리움에 꽃을 피워 봅니다...!!

눈부신 설국의 새날을..!

초생달 걸린
앙상한 나뭇가지
삭풍에 흩날리며

꽃피는 춘 3월
꽃동산의 향연을
기다리며 꿈을 그리다

고요히 나리는
설원의 아름다운 낭만을
눈보라가 흥겨울제

울어대는
산까치 노래에
찬란한 여명의 햇살을 맞는다

찬란한
희망의 새 아침을
눈부신 설국의 새날을...!!

흰 눈 나리면 그리운 내동무..!

그리운 마음
동산에 올라서니

산까치 울어대며
날리는 함박눈을 반기고

우뚝 선 상수리나무
둥우리 안고
흥겨움에 어깨춤을 일렁이면

눈 내리던 어느 날
길 떠난 내 동무

나리는 흰 눈 속에
그리움만 남겨 둔 채

손 흔들던
그 동무가 그리워진다

그리운 내 동무
그리운 내 친구...!!

아침의 나라 희망의 새 아침을..!

동녘에
떠오르는 태양
은백색의 현란한 광채

산야를
찬란하게
곱게 비추이면

숲속
요정들
아름다운 합창을

아름다운 설국
해맑고 고요한 산하의
아침의 나라 희망의 새 아침을

솟아라 태양아 힘차게 뛰어라
아름답고 찬란한
삼천리금수강산을 위하여

하늘님이시여

열어 주소서

희망의 길을 행복의 길을...!!

아름다운 설국..!

벌거벗은 나뭇가지
삭풍에 떨구 있을제

고운 함박눈 어여쁜 꽃송이
송이송이 날리며 살포시 나려와

포근한 백설 겨울옷
곱게 입혀 주며 속삭인다

백설 꽃다발 한 아름 안고 오실
아름다운 백설 공주님을

온 누리가 새하얀
눈꽃 핀 설원의 세상
아름다운 설국의 향연을...!!

그리움..!

눈 감으면
떠오르는
그으 그리움

말 못 할
그으 그리움에
님의 그림자 맴돌다

돌아서는 아쉬움
기다려야 하는 마음
먼 산 바라보며

님은 아실까
이내 마음
애뜻한 이내 심정을...!!

수정 고드름..!

엄동설한
찬란한 태양
현란한 빛깔로 비추이며

빛바랜 초가에 매달려
찬바람에 시려 와도
꼿꼿이 매달린 고드름

수정 고드름
무예가 서러워
눈물 뚝 뚝 뚝

가시는 세월
명경의 아쉬움
태양 빛 부끄러워...!!

설국의 노래..!

고운 눈 함박눈 꽃송이
송이 송이 날려 오시네

하얀 꽃 눈꽃 송이 날려
살포시 내려 앉으며

따사로운 백설 겨울옷
곱게 입혀 속삭인다

온 누리가 새하얀 눈꽃 핀
설원의 세상을

온 세상이 새하얀 설국
환상의 세계를

눈꽃 핀 설경을 노래하네
설원의 꿈을 그리게 하네...!!

겨울 동산..!

겨울 동산
겨울 님이
꽁꽁 눌러 앉아

북풍한설
불러이며
나무 자락 흔들어

황량한 산골짜기
낙수도 꽁꽁
그래도 옹달샘 약수는 졸졸

하늘님이
내려주신 생명수
따듯한 봄님 기다리시며 졸졸졸...!!

고드름..!

해맑은 아침 햇살
빤짝이며 빛나는
수정 고드름

고드름 한입 따 물고
호호 우지직
하하 호호

악동 시절
뜻 없이 즐겁던
그 시절이 그리워진다...!!

군고구마..!

엄동의 개울가
얼음치기 팽이치기
손발이 시려워도

흐르는 콧물 닦아 가며
놀이에 심취하던
그 시절

몰려드는 동무들
한 입 한 입 나누어 먹던
군고구마

군고구마
입에 물면
아련히 그 시절이 그리워진다...!!

그리운 내 동무..!

그리운 세월은
덧없이 흘러
안타깝고 아쉬움만이

눈보라 치던 날
길 떠난 내 동무
손가락 호호 불며

손을 잡아 주던 내 동무
언약의 세월은
흐르고 또 흘러

귀밑머리 흰머리 되어도
보고픈 내 동무
그리워 그리워 그리운 내 동무...!!

상수리나무..!

상수리나무 가지 위 둥우리
산까치 울어대며
아침 인사 울어지면

앙상한 상수리나무
아련한 그리움에 일렁이며
춘 3월 꿈을 그린다

산새 들새 울어 예는
노랑나비 흰나비 춤을 추는
신록의 아름다운 계절을

꽃 피는 춘 3월
만물이 생동하는
꿈과 희망의 아름다운 계절을...!!

흰 눈이 펄펄..!

흰 눈이 펄펄
온 누리가 하얀 나라

눈밭 위를 구르며
바람을 가르며

눈싸움에
눈썰매를 지치고

군불 쬐며 고구마를 굽던
악동 시절

송이송이 눈꽃 송이에
꿈을 엮어보던 그 시절

송이마다 꿈들이
송이마다 사랑이
송이마다 희망이...!!

생..!

애련합니다
그- 그리움 어떻게 살고 있을가
염려도 됩니다

그립습니다 보고 십습니다
님들이시여
애련(哀戀)합니다

이 풍진 세상 생의 여정들
삼시랑 할머님의
축복을 받고

칠성님에 영을 받아
이 세상에 태어난
복된 생들이시여

부디 부디 행복하소서
꿈(夢希)이 이루어지는
복된 삶을 사소서

찰나와 같은 생 복된 날과
아름다운 생의 과(過)를
듬뿍 안고 가소서

천상에서
멋진 꿈을 얘기하소서...!!

꿈을 희망을 주소서..!

몸부림도 쳐 봅니다
못내 아쉬워

가는 세월에 떠밀리며
춘풍에 녹아내리는 동토

유난히 맹위를
놓았던 시절

뭇 인간의 몸과 마음이
너무도 시려 와

이제 떠나렵니다
아쉬움만 남긴 채

따듯하고 향기로운
봄날님 어서 오셔요

찬란하고 아름다운 향기로운
꿈을 희망을 이 땅에 열어 주소서...!!

겨울아..!

그렇게
가시려나 봅니다

세월의 흐름을
뉘라서 막으리오

동구 밖
개울가 얼음판 위

미끄럼 팽이치기
썰매 함 못 타보고

설국의 꿈
설원의 향연을 접으라며

졸~ 졸~
흐르는 개울가 샘물

봄을 재촉하며
고요히 봄노래 부르네
봄의 향연을 불러이네...!!

아름다운 세월이시여..!

석양의 저녁녘
시간 속에 세월은 흘러

아름다운 환상의 저녁노을
진홍의 쟁반 같은 햇님은

이해를 안고 뉘엿뉘엿
포물선 넘어로 스며지시면

칠흑의 밤 속에
꿈의 노래가
합창의 구비를 넘고 넘어

새해의 찬란하고 현란한
서광을 앞세워 일출의
해맑은 장관이 온 누리를 빛추이고

가시는 세월 막지 못할진대
오시는 세월에
꿈과 아름다운 낭만을 새겨 보리라

아름다운 세월이시여
고우신 님이시여
꽃신 신고 오소서

아름다운 나래로
온 누리에
희망을 꿈을 열어 가소서...!!

3부 봄

몽희(夢希)..!

몽희.!
기다림
속세의 세파에 가녀린 삶

절기에 떠밀리어
새 삶의 꿈을 안고
사라져 간 그-그리움

계절 따라 오련마는
설레며 가슴 조이며
서성이는 마음

몽희(꿈에도 그리는 희망)
춘풍아 불어라 불어
온 누리가 자비의 정토가 되어 주렴

오-온 누리에
환희의
세상이 되어 주렴

많은 중생의 몽희(꿈)가 이루어지는
그래서 한이 없는 아쉬움이 없는

몽희의 세계가
되도록.. 춘풍......!!

내 고향 내 집에는..!

깊은 산속 오두막
내 고향 내 집에는

장닭이 홰를 치면
동창이 밝아

찬란하고 싱그러운
해님이 잠을 깨우고

산새 들새 합창에
상쾌한 아침

노오랑 병아리 때
뽕뽕뽕 아침 마실

정겨웁게
나래를 편다...!!

봄님 오시는 소리..!

봄 소리가 들려온다
졸졸 흐르는 개울가 샘물

버들강아지 움틀이며
봄의 소리 들려온다

얼름장 밑에서
졸졸 흐르는 시냇물

새봄을 재촉하며
고요히 봄노래 부르네

산천초목
모두 다 함께

생동의 노래를
봄의 향연을 불러이네...!!

봄이 오시는 소리..!

엄동설한
동토에
봄이 오시는 소리

동백화
진홍빛 빛나고
노오랑 꽃술 아름답게 조화하며

동토에
어른 몸과 마음
활짝 열며 달래 주고

아름다운
색채로
아름답고 향기로운 세상을

흐르는 갯 물
졸졸 흐르며
봄이 오시는 소리를 향기를...!!

봄이 오시는 길목에..!

봄이 오시는
길목에 서면

들리는 듯 들려오는
봄바람 향기

먼 산 아지랑이
너울이며 손짓하고

푸른 풀밭 들녘에
속삭이는 노래 향기

푸릇푸릇 피어나는
봄소식에

아기 꽃들
저마다

기쁜 노래 부르네
희망의 노래 불러이네...!!

싱그러운 봄날..!

노랑나비 날으니
싱그러운 봄날입니다

오신다는 꽃님은
상기도 소식 없고

낙엽 달린
앙상한 나뭇가지

꽃잎 틔우려
스산히 흔들릴 때

장끼의 고함에
놀란 가슴 애태우며

그리운 봄날의
싱그럽고 아름다운

그리움의
향기에 젖어 듭니다...!!

벚꽃의 꿈..!

양지바른 언덕
아름다운 벗님네들

현란한 자태를
어이하여 일렁이시나

곱고 순백한 꽃잎
님 향하여 날리며

화사하고 찬란한
아름답고 현란한 유혹

벌이 되고 지고
나비가 되고 지고

아 ~ 무에가 꿈인고
벌나비가 춤을 추네...!!

개나리 꽃 필제..!

양지바른 언덕
노랑 개나리꽃 만발할제

노오랑 개나리 예쁜 꽃
입에 물며 꿈을 키우던 옛동무

푸른 하늘 먼 산 바라보며
한없이 푸른 꿈 부풀리었었지

수많던 떡거머리 악동들
사회의 구름에 훗터저간 세월

반백이 되어 그리운 그 시절
여한의 세월 아쉬운 세월

창공에 구름 따라 흐르는
인고의 내 마음 한없이 흘러

덧없이 흘러간 여한의 세월
그리워지는 내 동무 내 친구들

어데서 무얼 하실꼬
한 많은 생 지금은
모두모두 행복하시겠지...!!

아기 병아리..!

노랑 개나리꽃
양지바른 언덕
봄바람에 일렁이면

노랑 병아리 떼
쫑쫑 쫑
즐겨이 맴돌고

꼬옥 꼭 어미닭
솔개미 떴다 울어대면
쫑쫑 걸음 줄지어

어미 품에 쪼르르
꼭꼭 숨어들면
꼭꼭 숨어라 멍멍이도 멍멍...!!

봄비 나리는 날..!

개나리 동산에
봄비가 나리면

진달래꽃 봉오리
고개 들며 연분홍 미소

봄 동산
아름다운 향기 더욱이 짙어질 때

우산을 받쳐 주며
속삭여 주던 내 동무

연분홍 아름다운
생의 꿈을 그려 주던

청운의 꿈을 그리던
그 시절 그 시절이 그리워진다...!!

새봄의 찬가..!

만발한 개나리 동산
찬란한 태양 빛 받으며
봄의 찬가 희망의 찬가를 합창하며
온 누리에 새봄을 경찬(敬燦)이고

돌바위 옆 진달래꽃
빵끗 미소로
연분홍 꽃잎을 수줍은 듯 일렁이며
새봄의 노래를 합창일제

노랑나비 흰나비
흥에 겨워
나래를 펴고
춤사위를 펼쳐 맴을 도니

아~ 정녕 새봄이 왔네요
봄이 왔어요
온 누리에 희망의
새싹을 나래를 주셨네요

아름다운
금수강산삼천리에
새봄이 왔어요 용솟음치는
희망과 꿈을 주셨습니다...!!

진달래 동산..!

만발한 진달래꽃
연분홍 여린 꽃잎

해맑은 봄바람에
일렁일제

노랑나비 흰나비
흥에 겨워 유희하고

싱그런 숲속
장끼의 고함에

놀란 산새 들새
떼 지어 날면

화창하고 아름다운 꽃동산에
봄날은 깊어만 갑니다...!!

노랑 병아리..!

화창한 동산에
노랑 개나리꽃
연분홍 진달래꽃 만발할 때

꼬옥 꼭 어미 닭
병아리 부르면
병아리 떼 쫑쫑 쫑 줄지어 따르고

예쁜 병아리 떼
조잘대며 노닐 때 가까이 다가서면
어미 닭 무서운 시위를

우리 아가
다칠세라 꼬옥 꼭 꼭
매서운 부라림의 시위를...!!

순백의 목련화..!

순백의 해맑은
백 목련 목련화

눈부신 아름다움
순백의 꽃송이

등 너머 비추이는
봄볕의 현란함

해님도 부끄러워
그림자 띄우고

일렁이는 봄바람
부끄러워 맴돌 때

뻐꾸기 장단 맞춰
봄노래 깊어가네...!!

봄비는 나리는데..!

하염없이
봄비는 나리는데

봄비 속에
떠났던
옛 동산에 와 섰건만

동산은
더욱이 푸르른데
내 어이 와 섰는고

세월 속에
꿈이런가
내 모습 보이지 않네...!!

그리워지는 이 마음..!

흐드러지게
만개한 진달래
연분홍 아름다운 꽃잎
가슴에 일렁이면

개나리 동산에
푸른 잎 노오랑 꽃잎
받쳐 주듯
순정으로 받쳐 주던 내 동무

진달래 동산에서
손가락 걸며
언약하던 그 시절이
그리워진다

재 너머 화사하고
해맑은 벚꽃
님의 모습이
어려 있어

설레이는 가슴으로
다가서면 감겨지는 눈시울
그리워 그리워
그 시절이 그리워진다...!!

진달래꽃 닮음 내 님..!

산안개 자욱한 골짜기
개나리 진달래 만발하여

님 오실레라
울렁이는 이 마음

동구 밖 언덕배기에 올라
서성이는

설레이는 마음
화창하고 아름다운 봄날

해님도 부끄러워
구름 뒤로 숨으시는

아름다운 봄날
향연에 서성이며

진달래꽃 닮음 내 님
봄 향기 안고 오신다던 내 님은

언제나 오시려나 설레이며
애타는 마음 깊어만 갑니다...!!

온 세상 빛이 되고 싶어라..!

청명하고
화창한 봄날
아름다운 백화 향기 날리며
봄날을 노래하고

온 산하
푸른 동산
싱그럽고 푸르름이
뭉게구름 꽃 피워

벅찬 가슴에
싱그러움이
현란하게
가슴에 다가오면

아 ~ 아~ 아~ 하늘로
뛰어오르고 싶어라
날고 싶어라
온 세상에 빛이 되고 싶어라...!!

라일락 꽃향기 날리면..!

뒷동산에
라일락 꽃향기 날리면
옛 시절이 그리워진다

화창하고 아름답게
라일락 꽃향기 날리는 날
손 흔들던 내 동무

전학 가던 날
아쉬움과 부러움에
손 놓아지지 않던 내 동무

지금은 어디에
세월은 흘러도 꽃은 피건만
찌~인한 향기도 날리건만

그리워 그리운 이 마음
어떻게 변했을까
어찌 살고 있을까

귀밑머리 백발이 돋아나건만
악동의 옛 시절
그리워 그리워 그리워진다...!!

라일락 꽃망울의 속삭임..!

가만히 들려옵니다
향기롭게 고웁게
라일락 꽃망울의 속삭임

양지바른 언덕
아름다운 이 계절
수많은 꽃님들 주연 순 기다리며

아름다움으로
향기로 봄바람 타고
화창하고 싱그러운 봄날

속삭임의 향기가
노래가 아름답게
설레는 내 가슴 속으로...!!

고향 집..!

정자나무
길섶
졸졸 흐르는 시냇물

돌다리 건너
언덕배기
오막살이 초가집

봄이 오면
개나리 진달래
백화가 만발하고

양지바른 언덕엔
병아리 떼 뽕뽕 뽕
누렁이는 긴 하품 졸음을 하던

그리운 내 고향
내 집에는 지금쯤
아름다운 향기 가득하겠지...!!

뛰놀던 내 동무들..!

봄비가 나린다
오색우산
받쳐 들고
뛰놀던 그 시절

새삼스레 밀려오는
그리움
봄님은 아실까
꽃님은 아실까

예쁜 꽃
귀에 달고
클로버 반지 끼고
뛰놀던 내 동무들

살포시 내려앉은
아름다운
꽃님들 사이로
봄비 맞으며

동구 밖 성황당길
내달리며
노닐던 옛 시절
그 시절이 그리워진다...!!

라일락 꽃향기..!

아름다운 라일락
꽃향기 날리면
꽃 시절이 그리워진다

화창한 봄날
라일락 꽃향기 날리던 날
환희의 꿈을 속삭였던 동무들

세월은 흘러도 꽃은 피건만
향기도 날리건만
그리워 그려지는 이 마음

귀밑머리 반백이 되건만
소싯적 그 시절이
그리워 그리워 그리워진다...!!

모란꽃 그리움..!

아름다운
진홍의 모란꽃
그 향기

그윽히 날리면
아련한 그 그리움
풍요하신 아름다움

푸른 잎 사이
고우신 님의 모습
어여쁜 봉오리에 어리시어

아름답고 진~ 한 향기로
사랑으로 맞아 주시던
내 어머님의 모습

그리워 그리워 그리워
그리워집니다...!!

아름다운 연꽃 속 님의 얼굴..!

영롱한 물방울
연잎 위
물보라에 일렁이며

비를 불러
장대비
하염없이 내리고

바람 불어
일렁이면
산천초목 흥에 겨워

다 함께
춤사위
어깨춤 흔들며

아름다운 연꽃
부끄러워
살짝 꽃잎을 감추이면

님의모습 어리여
우산 속 홍조 띤 얼굴
다시금 그리워 그리워진다...!!

복사꽃 필 때면..!

복사꽃 필 때면
아련히 떠오르는
향수의 그리움

아름다운 복사꽃
그늘에서 기다린다는
꽃보다 더 아름다운

어여쁜 복사꽃 처녀
여삼추의 긴 세월
기다리고 있다는 성화

이어지는 전언
보고픈 만남의 유혹을
성화를 즐겨 하던 옛동무

지척이 만 리라
조치원 길 멀고 멀어
이루지 못한 회동

복사꽃 필 때면
아련한 향수의 그리움
젖어 들게 하는 그 옛날 내 친구...!!

산딸기 익어 가는 계절..!

산딸기
익어 가는 계절

진빨강
다소곳이 풀숲 사이
살짝 숨어 핀 산딸기

뉘 볼세라
부끄러워 숨죽이며
사랑하는 내님 찾아 기다리며

싱그러운
수풀 사이
가시울타리 쳐 놓고

내 몸 사리우며
순정을 받칠 내 님
내 님은 언제 오시려나

기다리는 산딸기
정열에
그리움에

더더욱
빨갛게
물들어 가는 산딸기...!!

팍, 찔리고 싶어라 찔레꽃..!

'팍' 찔리고 싶어라
찔레꽃 향기

강산에 새봄을 몰고 온
찔레꽃

찔레꽃 닮음 내 님아
어드메 있느뇨

강산의 님들은
목메이며 고대하네

몸부림치며 기다리네
향기로운 세상

희망과 서정이 넘치는 세상
'팍' 찔리고 싶어라

내 님아 -
내 님이시여 건강하소서...!!

남쪽 나라 내 고향..!

봄의 장관이
펼쳐져 있습니다

아카시아 향내음
천지를 진동하고

장미화 찔레꽃
산천을 찬란히 비추이며

해안가 이름 모를 하얀 꽃
싱그러운 향내음

아름다운 금수강산
옥빛바다

살어리랏다
남쪽 나라 내 고향...!!

부강 민족 언제 되어질꼬..!

아름다운 산하
백화가 만발하고

싱그러운 향내음
신록의 산천 찬란히 비추이면

아름다운 금수강산 옥빛바다
피란 시절 향수를 불러일으키고

다시는 6.25와 같은 참화는
없어야겠습니다

초근목피로 연명하고
부황(영양실조)으로
온몸이 푸석이 붓고

지독한 배고픔의 역사
한 입 줄이려 팔려 가던 이웃

아~ 역사를 되새겨
부강 민족 언제 되어질꼬...!!

동백섬 찔레꽃..!

아름다운 남도
동백섬

해맑은 포물선
몰아치는
갯바위 억센 파도

아름다운 항구 도시
어우러진 광안대교
산책로 뒤로한 신록의 향기

파도의 장단에
살며시 미소 띄우는
단아한 동백섬 찔레꽃

예가 극락인가
화창하고 활력이 넘쳐나는
남도의 아름다움

살어리랏다 남도 내 고향...!!

나 떠나가런다..!

나 가런다
떠나가런다
함박웃음 활짝 꽃 피우고

싱그러운 가슴
활짝 열어
아름다운 향기 날리며

밀려오는 신록
작열하는
태양 빛 성화에

수줍은
연분홍빛 향기
날리며

꽃다운
아리따운 봄 처녀의
설레는 가슴 안고...!!

님 오시려나 보다..!

님 오시려나 보다
산까치 울어 울어

눈 감으면 떠오르는
그리운 님 사랑하는 내 님

고운 님 오시는 길
꽃비 내려 맞게 하소서

아름다운 백화꽃 만발하게 하소서
환희 속에 맞게 하소서

그리운 내 님 내 님이시여
사랑하는 내 님 내 님이시여...!!

아지랑이 봄바람..!

설레는 봄바람
피어나는 아지랑이

산천초목 우거진
깊은 산속 숲길

먼 산속을 헤치며
아롱이며 달려오는 철마

설레는 가슴 안고
기다려지는 내 님

화사하고 아름다운
산천을 달려오시는 내 님

일각이 여삼추라
가슴 조이며 고대하는 내 님...!!

고향의 꽃동산..!

내 고향 뒷동산
꽃동산 언덕
푸른 숲 사이로

싱그러운 아침
찬란한 햇살이
해맑게 비치며

눈부신 아름다운
색동 꽃잎 뿌려질 때
푸른 풀잎 사이에

노오랑 아기 꽃
민들레가 빵끗
해님도 빵끗

종다리 노랫소리
뻐꾸기 장단에
봄노래 깊어 지네...!!

4부 여름

청풍명월의 아름다운 산하(山河)..!

아름답고
찬란한 날들의
삼천리금수강산

청풍명월의
아름다운 산하
물안개 아침 햇살을 열면

아름다운 오색 빛 산야
명월을 안고 있는
충주호

청풍의 상서로움이여
청명한 하늘
푸르른 호수여

늘~ 맑고
푸르고
청량하소서...!!

나리는 빗속에 오신다던 님..!

하염없이 나리는 비
비를 맞으며
우산을 옆에 끼고

님 가신 자리
오늘도 비는 나리건만
오시지 않는 님

비 나리던 여름날
우산을 받쳐 들고
청운의 꿈에 젖어 속삭이던 님

세월은 흐르고
세상도 변해 가건만
세월 따라 오신다던 내 님은

오늘도 비는
하염없이 나리건만
님 그리운 내 님은 어디에...!!

찬란한 새 아침..!

영롱한 이슬방울
새벽을 열고 찌르라미 합창이
아침을 불러 일제

뻐꾸기 장끼 합창에
해님이 빵끗
여명을 밝히고

들꽃들 유희에 흰나비 한 쌍
아 - 싱그럽고 찬란한
이 아침

싱그럽고 찬란한
푸르름의
산속의 아침

싱그러움이여
찬란함이여
영원하여라

푸른 가슴에
여명의 찬란함을 심어 주소서
찬란한 새 아침을 담아 주소서...!!

파도..!

파도가 밀려온다
수평선
저 넘어서

부딪히는 갯바위
파도 소리
넘실대는 파도

님 떠난 날 파도야
내 님은 어디에
수평선 너머 어디에

꽃댕기 입에 물며
말 못 한
수줍던 섬 색시

파도가 몰아치면
생각나는
그으 그리움 파도...!!

뱃머리에 서면..!

타오르는 태양
파도치는 선창가

뱃고동 울어대니
갈매기 날고

푸른 파도 가르는
뱃머리에 서면

온 세상이 내 품으로
바람 타고 내 안으로

아스라이 스쳐 지나는
많은 섬 포구

아름다운 절경의
갯마을

아름다운 내 조국
삼천리금수강산 영원하소서...!!

무궁화..!

무궁화 무궁화
우리나라 꽃
삼천리금수강산에 우리나라 꽃

민족의
역사와 얼이 담긴
우리나라 꽃 무궁화

연분홍 연보라 연 진홍에
연노랑의 꽃술
참으로 아름다워라
아름다운 꽃 무궁화

수많은 해충을 붙여 살며
싫단 말 못 하고
꼿꼿이 선 네 모습이 처량하구나

5천 년 역사와
온 인류에 다시없는
유구한 역사 조선 5백여 년

수많은 역사 속의 민초들은
수많은 해충들에
핍박의 단장의 슬픈 역사

에헤라 슬프도다
어느 세월에 해충이 없는
퇴치력을 방위력을 길러 낼거나

순국 애국 열사님들께선
역사 속에서
단장의 통탄을 하실 것이다...!!

아름다운 행복한 세상이..!

뱃고동 울어대니
갈매기 날고

푸른 파도 가르는
뱃머리에 서면

온 세상이 내 품으로
내 안으로

벅찬 가슴 두 팔 벌려
맞으며

새 세상아 오너라 속히
밝은 세상아

억지 파괴 집단이기주의
선동자들 철밥통들
뱃머리여 부셔라 깨어 부셔라

정의로운 세상
아름다운
행복한 세상이 되도록...!!

할머니..!

하염없이 비가 내린다
그리워지는 그때 그 시절

평생을 뇌리에 살아온
아련한 그리운 우리 할머님

비 오시는 날이면
낮잠 재우시던 대청마루

세월이 흘러도 그리워만지는
소싯적의 향수 아름다운 추억

비 맞으며 놀기를 즐겼던 그 시절
빗물에 목욕하던 그때 이어지는 감기

감기를 말리시려는 할머님 사랑
비 오시는 날이면 대청에 누이시고

다정하신 자장자장 자장가에
약손으로 토닥여 주심
그 시절이 그리워 그리워진다...!!

제주도..!

쾌창하고 해맑은
신록의 산하
드넓고 푸르른 바다

고운 파도 밀려와
부딪히는 물보라
청파도 갯바위의 노래

해녀들
긴 휘파람에
저녁이 노을지면

풍요한 수확의
잔치가
도란도란 세상사 난전이 서고

부둣가 갯마을
풍요를 싣고 온 고깃배
자연의 크신 선물 오늘도 내일도

삼다도 제주에는
어제도 미래에도
아름다운 절경과 행복의 노래가...!!

장엄한 대자연..!

싱그럽고 아름다운
장엄한 대자연의 정취

혼탁해진 세월
찌들어진 인간사

찌들어진 군상들
어지러워 눈을 감고 심호흡

살포시 실눈 뜨며
장관의 대자연 앞에

마음을 다듬으며
아 ~ 아 ~ ~

장엄한 절경 속에
살고지고 살고지고...!!

칠흑의 밤..!

어둡다
깜깜하다
칠흑의 밤이다

칠흑으로 가리워진
내 마음
보이지 않는 앞날

무명을 밝혀 주소서
신이시여
밝혀 주소서

가녀리고
애달픈 고행의 생
아름다운
행복한 세상을 열어 주소서...!!

파도가 부른다..!

작열하는 태양
흘러내리는 땀방울

파도가 부른다
고동 소리가 들려온다

젊음이 넘치는
낭만의 바닷가 모래사장

사랑이 익어 가는
낭만이 익어 가는 바다가

내일의 활력을
내일의 청춘을 위하여

가자 가자 바다로
지난날의 향수를
내일의 희망을 불러이는

바다 바다로 가자
저 포물선 넘어
무한한 세상 희망의 나라로...!!

청계천..!

청계천
서울의 한복판
흐르는 맑은 물에

큰 물고기
작은 물고기
많기도 하지

줄지어
유람하기도 하고
따로이 여유를 즐기며

아름다운 물 위 세상
보고 싶어
팔딱 뛰어올라 바라본다

아름답고
고운 세상을
꿈을 동경하고 있나 보다...!!

부상(浮上)..!

높푸른 창공
내리쬐는 뙤약볕
짙푸른 신록 하늘 높이 부상하고

아름다운 우리나라
삼천리금수강산
싱그럽게 짙어지는 녹음처럼

젊은이여 부상하라
내일을 향하여
미래를 위하여

기름진 옥토
땀 흘려 일구고 가꾸어
미래를 위하여 후세를 위하여

나가자 일터로
다 함께 힘차게 나가자
희망의 나라로 희망의 미래로

자랑스러운 내 나라
내 강산을 위하여
조국의 후세를 위하여...!!

청산은 푸르며 울고 우네..!

청산은 푸르며 울며 우네
소리 감추이며 울고 우네

내 부모 내 형제 내 이웃 동무들
얼마나 많은 죽음이었던가

순국선열의 장렬하신 희생으로
우리는 오늘을 살고 있네

까막눈 까막귀 까막 기억으로
우리는 환락과 도둑의 심보로

애국과 충심은 잃어가고
도덕과 윤리도 사라져 가고

끼리기리 잘도 어우러져
새로운 악랄한 잣대로 재어 가며

불쌍한 민초 뉘라서 살펴 줄꼬
하늘님이시여 땅님이시여

살펴 주소서
가리워진 세상을

선영들의 고귀하신 희생을
찬란한 태양빛을 비추어 주소서...!!

희망의 나라로..!

새 나라 새 아침이 밝았습니다
우리 국민은 현명했습니다

불쌍하고 안타까운
나라의 꿈나무들에게 꿈과 희망을
길러 주어야 하겠습니다
88세대란 웬 말입니까

하루속히 잃어버린 10년을 되돌려
많은 일터를 안정 속에 살 수 있는
밝은 날이 와야겠습니다

잘못된 철밥통 문화
노동귀족 문화
옥상옥과 패거리 문화는
필연코 사라져야 하겠습니다

정당한 근로의 대가와
행위에 대한 무한책임의 구현

기초법 준수는 돼야 살기 좋은
희망의 나라가 될 것입니다

우리 모두 새 나라의
새역사의 대열에
역사를 만들어야겠습니다...!!

성당의 종소리..!

그윽히 들려온다
아련한 추억 속 가슴으로

사라져 간 세월 속
그 모습만 아스라히

변해 가는 세월
꼭 부여잡고 우뚝 선 그 모습

유수와 같은 세월에도
변함없이

속으로 삭이며
안타깝고 아쉬움만을 안은 채...!!

갯바위..!

갯바위에 앉자
몰아치는 파도

넘실대는 파고
철썩이는 갯바위에

꿈을 그리며
팔을 크게 벌려

저 험한 파도 위
포물선 너머에

그려 보는 새 희망
환상의 아름다운 꿈의 세상을...!!

고추잠자리 우리 집에..!

새빨간 고추잠자리
두 마리

우리 집 새 가족
고추잠자리

2층 난간 대추나무에
새 둥지를

잘 쉬거라
고운 꿈 꾸거라

행복한 단생(短生)의 낮시간
유희를 위하여

네 생명의 행복을
위하여

곱기도 하여라
긴긴밤 고이 잠들어

애잔히 다가오는
너의 거칠어진 환경

속히 적응하거라
물과 산업 물자를

하염없는 너의
헛 물질에
아려 오는 이 가슴을...!!

포물선 저 너머엔..!

칠흑같이 깜깜한 밤
멀리 어렴풋한 포물선

칠흑같이 까만 바닷물
칠흑같이 어두운 하늘

어렴풋이 밝아 오는
포물선 저 너머엔

희망의 나라가
환희의 세상이 있겠지

밝은 태양이
찬란히 비추이겠지

아름다운 세상에
백화가 만발하겠지

고운 꿈과
사랑이 넘쳐 나겠지...!!

폭염이 서러워..!

폭염이 서러워
통곡이 지난

스산하고 쓸쓸함이
감도는 화창한 초가을

풍요와 낭만의 계절이
달래 주련만

속절없는 세월
허전함과 아쉬움만이...!!

한강변 해당화..!

이 6월 폭염에도
해당화는 피었더이다.

섬마을 선생님의
마음을 사로잡았던 해당화

아름다운 모습과
신선하고 풍요한 그 향기

뉘라서 넋을 잡을 수 있으리요
뉘라서 향취에서 정신을 차리리요

그 향기 온 누리에
향기로운 세상을 열어 주소서...!!

시냇물..!

시냇물에 종이배 띄우면
끄떡이며 맴돌며 내마음 가져가네

시냇물 졸졸 죽옆배 띄우면
스르 끄떡 스르르 내 꿈 싣고 흐르네

사르르 흘러 한없이 흘러서
어데로 어드메로 흘러서 가시나

내 꿈을 싣고 가시렴 나를 실어서
희망의 나라로 환희의 꿈나라로...!!